W9-BWX-020

Reptiles

Primera Edición: 2007

ISBN: 978-84-96609-99-0

Título original: Reptiles

Edición original: © Kingfisher Publications Plc

Maquetación: TXT Servicios editoriales – Esteban García Fungairiño

Traducción: Equipo Edilupa

Agradecimientos

La editorial quisiera agradecer a aquellos que permitieron la reproducción de las imágenes. Se han tomado todos los cuidados para contactar con los propietarios de los derechos de las mismas. Sin embargo, si hubiese habido una omisión o fallo la editorial se disculpa de antemano y se compromete, si es informada, a hacer las correcciones pertinentes en una siguiente edición.

i = inferior; ii = inferior izquierda; id = inferior derecha; c = centro; ci = centro izquierda; cd = centro derecha; s = superior; sd = superior derecha; d = derecha

Fotos: cubierta Ingo Arndt/Naturepl.com; 1ic Alamy/FLPA/Chris Mattison; 3ic Jurgen & Christine Sohns/FLPA; 4–5c Corbis/Rod Patterson; 6–7ii Getty Images/Marvin E. Newman; 7s Getty Images/Jeffrey L. Rotman; 7cid Kingfisher/Art Bank; 8i Photolibrary.com/OSF/Tui De Roy; 9sd Photolibrary.com/OSF/Mark Hamblin; 9ci Corbis/Frank Lukasseck; 9id Photolibrary.com/OSF/Robin Bush; 10ci NHPA/Daniel Heuclin; 10–11ci Corbis/Michael & Patricia Fogden; 11id Cyril Ruoso/JH Editorial/Minden Pictures/FLPA; 12ii Getty Images/Richard Coomber; 12–13s Yossi Eshbol/FLPA; 13i Heidi & Hans-Juergen Koch/Minden Pictures/FLPA; 14ii John Cancalosi/Naturepl.com; 15s Corbis/George McCarthy; 15ii David Kjaer/Naturepl.com; 16i Corbis/John Conrad; 17s Getty Images/Peter Weber; 17cd Getty Images/Dr Dennis Kunkel; 17i Corbis/Joe McDonald; 18ii Photolibrary.com/OSF; 19sd Barry Mansell/Naturepl.com; 19id Anup Shah/Naturepl.com; 20i Corbis/Nigel J. Dennis; 21s Getty Images/Paul Chesley; 21ci Corbis/ Michael & Patricia Fogden; 21c Alamy/IT Stock Free/Dynamics Graphics Group; 22ii Tui De Roy/Minden Pictures/FLPA; 23ci Flip Nicklin/Minden Pictures/FLPA; 23i Photolibrary.com/OSF/Tobias Bernhard; 24c Pete Oxford/Minden Pictures/FLPA; 25sd Photolibrary.com/OSF/Stan Osolinski; 25ci NHPA/Stephen Dalton; 25id NHPA/Stephen Dalton; 26c Photolibrary.com/OSF/Ingo Arndt; 27si Patricia & Michael Fogden/Minden Pictures/FLPA; 27cd NHPA/Daniel Heuclin; 27id Photolibrary.com/OSF/Michael Fogden; 28i Photolibrary.com/OSF/Michael Fogden; 29ci D. Zingel Eichhorn/FLPA; 29cd Rupert Barrington/Naturepl.com; 30i Michael & Patricia Fogden/Minden Pictures/FLPA; 31sd Getty Images/Steve Winter; 31id NHPA/Laurie Campbell; 32i Getty Images/Bill Curtsinger; 33si Chris Mattison/FLPA; 33cd NHPA/Martin Harvey; 34–35ic Corbis/Rod Patterson; 35sd Getty Images/Altrendo Nature; 35id Getty Images/Theo Allofs; 36ii John Cancalosi/Naturepl.com; 37sd Photolibrary.com/OSF/Dani Jeske; 37i Getty Images/Theo Allofs; 38ii NHPA/Anthony Bannister; 38–39c Photolibrary.com/OSF/Tobias Bernhard; 39sd ZSSD/Minden Pictures/FLPA; 39id Getty Images/Joel Sartore; 40ci NHPA/Daniel Heuclin; 40id Still Pictures/Lynda Richardson; 40–41c Corbis/Philip Gould; 48id Getty Images/Jeff Hunter.

Fotografía por encargo de las páginas 42-47 por Andy Crawford.

Realizador del proyecto y coordinador de la toma: Jo Connor.

Agradecimiento a los modelos Dilvinder Dilan Bhamra, Cherelle Clarke, Madeleine Roffey y William Sartin.

EDILUPA

Reptiles

Belinda Weber

edə
EDILUPA

Contenido

¿Qué es un reptil? **6**

Tipos diferentes **8**

Control del calor **10**

La piel del reptil **12**

Sentidos del reptil **14**

Funciones de las patas **16**

Colmillos y dientes **18**

Por la tierra **20**

Por el agua **22**

Por los árboles **24**

En busca de alimento **26**

28 Encontrar pareja

30 Huevos de reptil

32 Crecer

34 A salvo

36 Dragones y diablos

38 Uso de venenos

40 Futuro de los reptiles

42 ¡Un lagarto!

44 Cocodrilo saltador

46 Lenguas pegajosas

48 Índice

¿Qué es un reptil?

Los reptiles son animales vertebrados con la piel dura y, por carecer de patas o tenerlas muy cortas, se desplazan arrastrándose. Hay más de 6.500 clases.

Dura y escamosa

Su piel tiene delgadas placas protectoras llamadas escamas, y es muy dura. Los caimanes tienen la piel cubierta con placas óseas gruesas.

Acuáticos

Los cocodrilos viven cerca del agua. Sus patas palmeadas los ayudan a nadar.

Casas diferentes

Los reptiles se adaptan a donde viven. El cuerpo de los caimanes les permite moverse tanto dentro como fuera del agua.

Reptiles prehistóricos

El arquelón era un reptil marino gigantesco entre sus ancestros prehistóricos, estaba relacionado con las tortugas actuales.

ancestro – animal del que evolucionaron otros animales

Tipos diferentes

Hay reptiles de muchos tamaños y formas. Los más grandes son los cocodrilos de agua salada, de siete metros de largo. Los reptiles pueden dividirse en cuatro grupos diferentes.

Con caparazón

Pertenecen a este grupo las tortugas de tierra y las acuáticas. Un caparazón óseo protege el blando cuerpo interior.

especie – *grupo de animales o plantas con las mismas características*

Lagartos y serpientes

Este es el grupo más grande de reptiles. Hay más de 3.000 especies de lagartos y serpientes en todo el mundo.

Los cocodrílidos

A este grupo pertenecen los cocodrilos, caimanes y gaviales. Se mueven muy rápido por la tierra, pero casi siempre están chapoteando en el agua.

Un grupo diferente

Los tuátaras son los únicos miembros del grupo más pequeño de reptiles. Sólo se encuentran en unas pocas islas frente a la costa de Nueva Zelanda.

Control del calor

Los reptiles tienen sangre fría, por lo que sus cuerpos están a la misma temperatura que su entorno. Se calientan al sol y se ocultan en la sombra para refrescarse. Una vez templados, cazan para comer.

Demasiado frío para moverse

Cuando los reptiles, como la serpiente de cascabel, sienten frío, hibernan hasta que vuelve el tiempo cálido.

digerir – *procesar los alimentos para sacarles los nutrientes*

A pleno sol
Los camaleones toman
el sol para calentar su
sangre. Los reptiles
necesitan estar calientes
para poder cazar y
digerir.

Refrescándose
Un cocodrilo se refresca
abriendo mucho la boca,
dándose un chapuzón en
el río o echándose a
la sombra.

La piel del reptil

Todos los animales necesitan piel que cubra sus cuerpos y los proteja de cualquier daño externo.

Piel erizada

Algunos reptiles, como las iguanas, tienen una especie de espinas en la espalda para protegerse de los depredadores. Estas duras escamas son de queratina.

Piel tersa

Los reptiles de madriguera, como el eslizón, tienen escamas suaves y flexibles que se aplanan contra la piel para que el animal se deslice.

Crecimiento

La serpiente cambia (o muda) de piel al crecer, y se sacude hasta liberarse de la antigua piel.

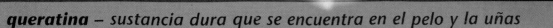

queratina – sustancia dura que se encuentra en el pelo y la uñas

Sentidos del reptil

Los sentidos ayudan a los animales a entender el mundo que los rodea. Todos usan los sentidos para buscar comida, ponerse a salvo, oír y oler, y algunos pueden incluso "probar" sustancias en el aire.

tímpano

Lagartijas que oyen

Las lagartijas no tienen orejas que sobresalgan de la cabeza, como nosotros, tienen sólo un tímpano a cada lado de la cabeza para captar sonidos.

tímpano – *parte del oído que envía vibraciones sonoras al oído interno*

Olores gustativos

Muchas serpientes y lagartos
sacan la lengua para "probar"
el aire. Un órgano sensitivo de
su boca define los sabores.

Visión periférica

El camaleón puede mover
cada ojo por separado.
Es decir, que puede ver
en dos direcciones
distintas a la vez.

órgano – *parte del cuerpo con una función*

Funciones de las patas

Hay reptiles en todo el mundo y viven en hábitats diferentes. Sus patas han evolucionado y se han adaptado a su forma de vida. Unos trepan, otros cavan y otros se agarran a las ramas.

Distribución del peso

Las tortugas gigantes tienen grandes patas y al caminar sobre arena distribuyen su peso entre ellas, por eso no se hunden.

Buen trepador

Este geco es un trepador
excelente. Unos pelillos en las
patas le permiten trepar casi
sobre cualquier superficie.

Caminan sobre el agua

El basilisco tiene las patas
anchas y los dedos gruesos
con escamas, por eso puede
andar muy rápido y no se
hunde al correr por el agua.

evolucionado – que ha cambiado con el tiempo

Colmillos y dientes

Algunos reptiles son pequeños y cazan insectos. Los más grandes comen incluso mamíferos. Todos tienen hocico y dientes para cazar y devorar a sus presas.

Con forma de pico
La tortuga caimán tiene las mandíbulas puntiagudas y, al cerrarlas de golpe, parte a su presa en trozos.

mamíferos – animales de sangre caliente que alimentan a sus crías con leche

Colmillos curvos

Esta cascabel tiene dos colmillos afilados y huecos que despliega al morder. El veneno bombeado por los colmillos mata a la presa.

Atrapa peces

La boca del gavial del Ganges está armada con dientes afilados y pequeños. Encajan muy bien e impiden que los peces se escapen.

presa – *animal cazado por otro animal*

Por la tierra

El esqueleto óseo de los reptiles da forma a su cuerpo. Muchos tienen cuatro patas, pero las serpientes y algunos lagartos no tienen patas. La mayoría se mueve con rapidez para cazar o escapar del peligro.

Manejo del calor

El geco de Namibia tiene unas patas largas y, al aumentar el calor, se alza sobre ellas para alejar el cuerpo de las ardientes arenas del desierto.

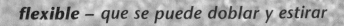

flexible – *que se puede doblar y estirar*

Serpenteando

La serpiente de cascabel retuerce y ondula el cuerpo sobre el suelo caliente. De este modo sólo una parte del cuerpo toca la arena.

Desde dentro

El esqueleto de una víbora tiene la espina dorsal elástica con costillas. Es muy flexible, y puede enroscarse o rodear cosas

enroscarse – *enrollarse en círculos alrededor de algo*

Por el agua

Algunos reptiles viven en el agua, otros nadan o se refrescan en ella. Todos respiran oxígeno, incluso los que viven en el agua tienen que salir de vez en cuando para tomar aire.

Buscando alimento

Las iguanas marinas son los únicos lagartos que viven en el mar. Se alimentan de algas y pueden estar bajo el agua hasta 20 minutos.

Buenas nadadoras

Las tortugas marinas verdes usan sus patas delanteras como aletas y se dirigen con las traseras. Su suave caparazón les permite moverse en el agua.

Poderosos nadadores

Los cocodrilos de agua salada sacuden la larga cola de lado a lado para impulsarse. Las patas los ayudan a dirigirse.

aletas – órganos adecuados para nadar

Por los árboles

Muchos reptiles son buenos trepadores: los gecos tienen patas especiales para sujetarse en las hojas resbaladizas y algunas serpientes tienen escamas con surcos para trepar por las ramas.

Trepadora

Las serpientes tienen cuerpos largos y fuertes. Se enredan en las ramas y se asoman para buscar depredadores o presas.

planear – *flotar suavemente en el aire*

Garras de lagarto

El lagarto tiene fuertes patas con grandes garras para sujetarse.

Lagartos saltadores

EL geco volador tiene patas palmeadas y pliegues de piel en las patas y en la cola para poder planear cuando salta.

Lagartos voladores

El lagarto dragón volador tiene faldones de piel en las costillas, que le sirven como "alas" para planear.

En busca de alimento

Aunque algunos reptiles sólo comen plantas, la mayoría son carnívoros y cazan a otros animales. Los cocodrilos tienen una dieta variada, pero otros sólo comen un tipo de alimento.

Lengua elástica

Los camaleones se sujetan a las ramas y capturan insectos con su lengua larga y pegajosa, disparándola a gran velocidad.

carnívoros – animales que se alimentan de carne

Huevos de rana

Cuando una serpiente de ojos de gato encuentra huevos de rana, sorbe esa masa gelatinosa.

Cena verde

El eslizón sólo come plantas. Trepa a los árboles y devora las hojas verdes frescas.

Huevos frescos

Las serpiente africana come huevos de ave y se los traga enteros. Rompe el cascarón en su garganta, y lo aprovecha todo.

Encontrar pareja

Cuando los animales están listos para tener crías, buscan pareja. Unos se valen del olor para atraerla; otros usan colores y sonido, o bailan. Los machos suelen luchar por las hembras.

Garganta brillante

Este anolis macho hincha su colorida garganta y agita la cabeza. Así muestra a las hembras que está listo para procrear y avisa a sus rivales.

procrear – *reproducirse, tener hijos*

Danza de poder

Los machos de la cascabel diamantada prueban su fuerza luchando. Son venenosas, pero no se muerden.

Todo un combate

Apoyándose en la cola, los varanos macho se yerguen sobre las patas y luchan con sus rivales. El macho más débil se rinde.

venenoso – *que tiene veneno*

Huevos de reptil

La mayoría de los reptiles pone huevos de cáscara suave pero resistente. La yema alimenta al pequeño y la cáscara lo protege del exterior.

Nido de tortuga

Esta tortuga bastarda pone cerca de 100 huevos en el agujero que cavó en la arena. Después de enterrarlos volverá al mar.

Para salir del cascarón...

Las crías de víbora tienen una especie de "diente" en la punta de la mandíbula y con él perforan la cáscara del huevo para poder salir.

Crías desarrolladas

Algunos reptiles paren a sus crías ya desarrolladas. Es el caso de la lagartija del Ártico, porque en el lugar donde vive hace demasiado frío para poner huevos.

eclosionar – salir del huevo al nacer

Crecer

Las crías de reptil parecen versiones en miniatura de los adultos. Se pueden alimentar por sí mismas según nacen. Algunas incluso cazan para alimentarse.

Cavando al nacer

Las tortugas recién nacidas cavan para salir del nido de arena y se arrastran lo más rápido posible hacia el mar.

miniatura – *versión en pequeño de algo*

Caparazones crecientes

Al crecer el caparazón de una tortuga, se le añaden nuevas placas. Se puede calcular la edad del animal contando sus placas.

placas

Madres cariñosas

Aunque es un feroz depredador, este cocodrilo del Nilo hembra es muy buena madre. Mantiene a sus crías en la boca para tenerlas a salvo.

A salvo

Los reptiles tienen trucos para ocultarse al cazar o descansar. Unos fingen estar muertos, otros muestran que son venenosos por sus colores brillantes.

Armadura blindada

El lagarto armadillo tiene espinas afiladas en la piel. Si se le amenaza, se agarra de la cola con la boca y se enrolla formando un círculo espinoso.

Oculta entre las hojas

La víbora de Gabón tiene
dibujos moteados en la
piel que la ayudan a
ocultarse en la hojarasca.

Víbora de Gabón _____

Las apariencias engañan

Este lagarto de Australia
tiene alrededor de la cabeza
una capa de piel para
aparentar ser más
grande y amenazador
si lo atacan.

moteado – *con manchas de diferente color*

Dragones y diablos

Los lagartos son el grupo más extendido de los reptiles y se han adaptado a diferentes hábitats. Algunos son grandes y fieros depredadores, otros son más pequeños y viven en árboles o bajo tierra.

Dragones barbudos

Al ser amenazado, el dragón de barba infla un pliegue espinoso que tiene bajo la boca para parecer más grande.

Grandes dragones

Los dragones de Komodo son los lagartos más grandes. Cazan cabras y cerdos, pero suelen comer carroña.

carroña – *restos de animales muertos*

Diablos espinosos

Las espinas y púas del lagarto diablo espinoso lo protegen y, a la vez, captan rocío para poder beber.

rocío – *gotitas de agua que se forman en hierba y plantas por la noche*

Uso de venenos

Muchos reptiles usan veneno para matar a su presa. El veneno afecta al sistema nervioso, los tejidos del cuerpo o la sangre. A veces también lo usan como defensa.

Escupidoras

La cobra lanza veneno por la boca hacia los ojos del enemigo. El veneno es muy doloroso y puede causar ceguera.

sistema nervioso – *red de nervios por todo el cuerpo de un animal*

Mordedura venenosa

EL monstruo de Gila es una de las dos especies de lagarto venenoso. Su saliva envenena la presa al morderla y masticarla.

Serpientes nadadoras

Las serpientes marinas son las más venenosas del mundo. Pueden nadar bajo el agua hasta cinco horas.

Cascabeles ruidosos

La serpiente de cascabel agita la punta de la cola para que suene. Así advierte que es venenosa.

saliva – liquido que se produce en la boca

Futuro de los reptiles

Muchos reptiles están en peligro o en vías de extinción. Debemos saber qué tenemos que hacer para protegerlos.

Comercio ilegal

Muchos reptiles son cazados por su piel. Esta se usa para hacer zapatos, carteras y cinturones, o recuerdos para turistas.

Rastreo de reptiles

A esta tortuga boba se le está poniendo un transmisor. Los científicos seguirán sus movimientos para averiguar más cosas sobre su vida.

extinto – *que no queda ninguno de esa especie vivo*

Vuelta a la libertad

Este caimán fue capturado y
vendido como mascota,
pero lo rescataron
y lo devolvieron
a su hogar.

transmisor – *aparato que envía señales que se pueden rastrear*

¡Un lagarto!

Haz tu propia capa

El lagarto australiano se protege con la membrana de su cuello (ver pág. 35). Haz una para ti y aprende cómo funciona este sistema defensivo.

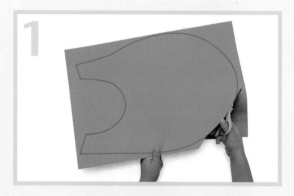

Dibuja la mitad de la capa en una cartulina de color. Usa tijeras para recortarla.

Materiales
- Dos cartulinas
- Lápiz
- Tijeras
- Cinta adhesiva
- Pinturas
- Brocha
- Papel de colores
- Pegamento
- Cuerda

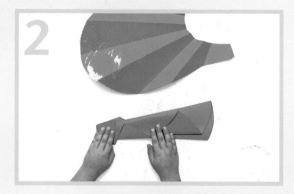

Haz la otra mitad de la capa con la otra cartulina. Dobla cada mitad en acordeón.

Une las dos mitades y sujétalas con cinta adhesiva por uno de sus bordes.

Con pintura, haz un diseño para tu capa. Recorta trocitos de papel de colores y pégalos para darle textura de escamas.

Corta dos trozos de cuerda. Sujétalos a cada borde de la capa –por el lado sin pintar– con cinta adhesiva.

Ponte la capa terminada y usa la cuerda para sostenerla. ¡Dale un tirón para levantar el cuello y asustar a tus enemigos!

Cocodrilo saltador

Haz tarjetas divertidas

Corta y dobla papel para hacer tu propia tarjeta saltadora. Luego decórala para un amigo o familiar.

Materiales
- Cartulina de color
- Lápiz
- Tijeras
- Pinturas y pincel

1

Dobla la cartulina por la mitad y traza un zigzag para hacer los dientes del cocodrilo. Córtala con tijeras.

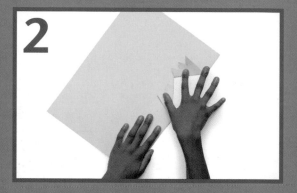

2

Dobla los dientes para que el pliegue se defina. Extiende la tarjeta y aplánala.

3

Dibuja el resto de tu cocodrilo y coloréalo. Dobla los dientes para que la tarjeta funcione.

Una víbora

Haz una víbora que se desliza

Las víboras tienen la espalda muy
flexible. Dibuja este modelo y usa la
vara para imitar cómo se enrosca y
cómo se mueve una víbora.

Usa una regla para trazar tiras
iguales en el papel de color.
Corta las tiras con las tijeras.

Materialesd

- Papel
- Lápiz
- Regla
- Cinta adhesiva
- Pinturas
- Pincel
- Hilo
- Un palo
- Tijeras

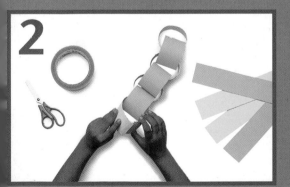

Con la cinta adhesiva, haz anillos
con las tiras. Une los anillos y pon
un anillo puntiagudo como cola.

Pinta los ojos, la lengua y las marcas.
Pega un extremo de la cuerda cerca
de la cabeza, y ata el otro a un palo.

Lenguas pegajosas

Juega a ser un camaleón

Los camaleones lanzan su lengua pegajosa para capturar insectos (ver pág. 26). ¡Con este divertido juego tú puedes hacer lo mismo!

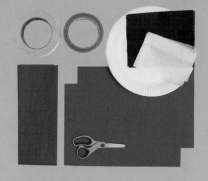

Enrolla las cartulinas y haz dos tubos, uno un poco más estrecho. Únelos y píntalos de rojo.

Materiales

- Cartulinas
- Cinta adhesiva
- Pinturas
- Brocha
- Papel rojo
- Papel negro
- Papel blanco
- Tijeras

Mete el tubo estrecho dentro del ancho. Une los dos tubos con cinta adhesiva.

Haz una bola con mucho papel rojo. Envuélvela con tiras de cinta adhesiva para hacerla pegajosa.

4

5

Pon la bola en la punta del tubo grande. La cinta adhesiva la sujetará. Esta es la punta de tu lengua pegajosa.

Haz moscas con pedazos de papel negro pequeños. Corta las alas en papel blanco. Pégalas con cinta adhesiva.

Haz dos de estas lenguas pegajosas. Pon todas tus moscas en un tazón o en un plato de papel, y ya puedes empezar a cazarlas con un amigo. ¡A ver quién gana!

Índice

bocas 11, 18-19

caimanes 6, 7, 9, 41

camaleones 11, 15, 26-27,
   46-47

caparazones 8, 23, 33

cocodrilos 7, 8, 9, 11, 23,
   26, 33, 44

colas 23, 25, 29

crías 30, 31, 32-33

diablos 37

dientes 18-19

escamas 6, 12, 13, 24

esqueleto 6, 20, 21

gaviales 9, 19

gecos 17, 20, 24, 25

hibernar 10

huevos 27, 30-31

iguanas 12, 22

lagarto australiano 35,
   42-43

lagartos 9, 11, 12, 13, 14,
   15, 17, 20, 22, 25, 26,
   27, 28, 29, 31, 34, 35,
   36, 37, 39

lagartos dragones 36, 37

varanos 25, 29

lagartos voladores 25

monstruo de Gila 39

patas 7, 16-17, 20, 23, 24,
   25, 29

piel 6, 12-13, 25, 34, 35,
   36, 40

sentidos 14-15

serpiente de cascabel 10, 19,
   21, 29, 39

serpientes 9, 10, 13, 15, 19,
   20, 21, 24, 27, 29, 30, 31,
   35, 38, 39, 45

serpientes marinas 39

tortuga marina 23, 31, 32, 40

tortugas 7, 8, 16, 18, 23, 31,
   32, 33, 40

tortugas acuáticas 8

tuátaras 9